100%

백점 맞는 영어습관

초등필수 영문법
따라쓰기

지혜정원

백점 맞는 영어습관
초등필수 영문법 따라쓰기

초판 1쇄 인쇄 | 2015년 02월 11일
초판 1쇄 발행 | 2015년 02월 16일

지 은 이 | WG Contents Group
발 행 인 | 정현순
발 행 처 | 지혜정원

출판등록 | 2010년 1월 5일 제 313-2010-3호
주　　소 | 서울시 광진구 천호대로 109길 59 대광빌리지 1층
연 락 처 | 02-6401-5510
팩　　스 | 02-6280-7379
홈페이지 | http://www.jungwonbook.com

디자인 | 이기숙
그　림 | 박지영

ISBN 978-89-94886-66-4 63740

값 9,500원

Contents

백점맞는 영어습관

Contents

영문법 기초지식

1. 문장이란?

문장이란 여러 가지 뜻을 가진 단어가 모여서 이루어진 집합체를 말한다. 문장을 이루는 것들에는 무엇이 있을까?

영어 문장 속에는 문장에서 각기 다른 역할을 하는 요소들이 있는데, 문장의 주요 구성 성분(주어, 동사, 목적어, 보어)과 8품사(①명사, ②대명사, ③동사, ④형용사, ⑤부사, ⑥전치사, ⑦접속사, ⑧감탄사) 등이 있다.

1) 문장의 구성성분

① 주어(主語 Subject Word)

문장 'A는 B이다'에서 A에 해당하는 말이 주어이고, B에 해당하는 말이 동사이다. 즉, 동사는 동작(play)과 상태(be, have, feel)를 나타내는 말이며, 주어는 이러한 동작이나 상태의 주체를 말한다. 주어는 일반적으로 문장의 맨 앞에 위치하며, 단어 뒤에 ~은, ~는, ~이, ~가를 붙여 해석한다.

② 동사 (動詞 Verb)

'동사'는 사람 또는 사물의 움직임(동작)과 상태(입장, 처지, 형편)를 나타내는 낱말이다. 동사는 일반적으로 주어 뒤에 위치하며 목적어가 필요하지 않은 동사인 자동사와 목적어를 필요로 하는 타동사로 나뉜다.

③ 목적어(目的語 Object)

주어가 어떤 행위를 할 때 행위의 대상이 되는 것으로, 목적어에는 보통 '~을, ~를, ~에게'의 조사가 붙는다.

④ 보어(補語 Complement)

'보어'는 주어나 목적어를 설명하는데 동사만으로는 부족할 경우, 이를 보충해 주는 말이다.

2) 영어의 8품사

영어의 단어는 총 8품사이다. 각 단어는 '역할과 특징'에 따라 8가지로 구분되는데, 이를 8품사라고 한다.

① 명사 : 사람, 사물의 이름을 나타낸다. 예 Julia, English, book, desk

② 대명사 : 명사를 대신해서 쓰인다. 예 I, you, he, she, they

③ 동사 : '이다, 있다'의 be 동사와 '하다'의 일반 동사가 있다. 예 am, was(be동사) / make, do(일반 동사)

④ 형용사 : 명사를 꾸며 주거나 설명해 준다. 예 wise secretary (현명한 비서)
⑤ 부사 : 동사, 형용사, 또 다른 부사, 문장전체를 꾸며준다. 예 hard, fast 등
⑥ 전치사 : 전치사 다음에 명사가 오면 전명구를 이룬다. (전치사 + 명사) 예 on March
⑦ 접속사 : 접속사 다음엔 주어와 동사가 온다. 예 and, but
⑧ 감탄사 : 기쁨, 슬픔, 놀람 등의 감정을 나타내는 말이다. 예 Ah, Oh

3) 문장의 구와 절
문장은 크게 구와 절로 이루어져 있다.
- 구와 절의 공통점 : 두 개 이상의 단어로 되어 있다.
- 구와 절의 차이점 : 절은 주어와 동사로 구성되지만, 구는 주어와 동사로 구성되지 않는다.
  (명사구, 형용사구, 부사구 등)

4) 문장의 5형식
① 1형식 : 주어 + 동사
② 2형식 : 주어 + 동사 + 보어
③ 3형식 : 주어 + 동사 + 목적어
④ 4형식 : 주어 + 동사 + 간접목적어 + 직접목적어
⑤ 5형식 : 주어 + 동사 + 목적어 + 보어

2. 실수하기 쉬운 기초 문법

1) 대문자 쓰기
- 문장의 시작 – You can write!
- 이름의 시작 – My name is Jiwon.
- 달과 요일 – Today is Monday, January 28, 2014.
- I (나) – I like to read. She and I are friends.

2) 문장부호 쓰기
- 쉼표 (,)
  세 가지 이상을 나열할 때 – I want to buy a book, a pencil, and a notebook.
  Yes, No, Oh, Well로 시작할 때 – Yes, I can.
  　　　　　　　　　　　　　Well, I think that is a good idea.
- 어포스트로피 (') : 누구의 것, 무엇의 것이라고 말할 때 한 명의 사람이나 동물을 이야기할
  때는 이름 뒤에 '+s 를 쓴다.
  – It is Misun's birthday.
    I want to buy my dog's toy from a store.

3) 줄여쓰기

I am	I'm		it is	it's
you are	you're		we are	we'are
he is	he's		you are	you're
she is	she's		they are	they're

4) 관사 사용법 익히기
① 셀 수 있고, 단어가 모음(a,e,i,o,u)으로 시작할 때 an을 사용한다.
   an apple, an egg, an ice cream, an umbrella

② 셀 수 있고 단어가 자음(a,e,i,o,u를 제외한)으로 시작할 때 a를 사용한다.
   a pen, a book, a bag, a notebook, a school

③ 서로 아는 것을 이야기할 때와 세상에 하나 밖에 없는 것을 이야기할 때 the를 사용한다.
   I like any book. But I like the book you gave me yesterday the best.

5) 문장 연결하기
• 더 하고 싶은 이야기가 있을 때 : and, also
• 반대로 이야기하고 싶을 때 : but, however
• 이유를 이야기하고 싶을 때 : therefore, so, because
• 순서를 이야기를 하고 싶을 때 : first, second, before, after
• 그 다음 이야기를 하고 싶을 때 : then, next, finally, at last
• 예를 들자면 : for example

UNIT 1

품사

 **Grammar 1**

You need an umbrella today. 너는 오늘 우산이 필요하다.

명사와 관사

1 명사

명사란 사람이나 사물의 이름을 가리키는 말이다. 명사는 크게 나누어 <u>셀 수 있는</u> <u>명사</u>와 <u>셀 수 없는 명사</u>로 나누어진다.

(1) 셀 수 있는 명사(가산명사)

① 보통명사 : pencil(연필), desk(책상) 등 개수를 셀 수 있는 사람이나 사물을 가리킨다.

② 집합명사 : family(가족), people(사람들) 등 여럿이 모인 사람이나 사물을 나타낸다.

(2) 셀 수 없는 명사(불가산 명사)

① 추상명사 : love(사랑)이나 happiness(행복), pain(고통) 등 모양이 없어서 눈으로 볼 수 없는 추상적인 개념을 나타내는 이름이다.

② 물질명사 : water(물), air(공기), milk(우유) 등 모양이나 크기가 일정하지 않은 물질의 이름이다.

③ 고유명사 : David(데이비드), Korea(한국), The Han river(한강) 등 사람이나 사물의 고유한 이름을 말한다.

2 관사

관사는 명사 앞에 오는 <u>a, an, the</u>를 말합니다. 명사 앞에는 하나의 관사만 붙는다.

(1) 부정관사 a, an

a와 an은 하나(one)라는 뜻으로 쓰이며 개수가 하나인 셀 수 있는 명사 앞에 온다.

(2) 부정관사 the

the는 '그'라는 뜻으로 앞에 나오는 명사를 다시 언급하거나 얘기를 나누는 사람끼리 서로 알고 있는 명사, 그리고 세상에 하나뿐인 사물이나 악기 앞에 붙는다.

그녀는 피아니스트입니다.(보통명사)

She is a pianist.

이들은 나의 가족이다.(집합명사)

This is my family.

나는 물이 필요하다.(물질명사)

I need water.

그는 한국에 산다.(고유명사)

He lives in Korea.

나는 우산이 하나 있다.

I have an umbrella.

Grammar 2

A week has seven days. 일주일은 7일이다.

명사의 복수형

셀 수 있는 명사가 여러 개 있을 때에는 명사 앞에 관사를 붙이지 않고 일반적으로 단어 끝에 -(e)s를 붙여 복수를 만들어 준다.

1 규칙 복수형

① 대부분의 명사는 끝에 -s를 붙인다.
   예 book-books, car – cars, map-maps, tree-trees

② s,x,sh,ch,z로 끝나는 단어에는 -es를 붙인다.
   예 bus-buses, box-boxes, bench-benches, dish-dishes

③ [자음 + y]로 끝나는 말은 y를 i로 고치고 -es를 붙인다.
   예 city-cities, lady-ladies

④ f, fe로 끝나면 f를 v로 고치고 -es를 붙인다.
   예 knife-knives, leaf-leaves, wolf-wolves, wife-wives
   예외) roof → roofs

2 불규칙 복수형

① 전혀 다른 모양의 복수형이 된다.
   예 man-men, woman-women, foot-feet, tooth-teeth, mouse-mice

② s, x, sh, ch, z로 끝나는 단어에는 -es를 붙인다.
   예 ox-oxen   child-children

③ 단수와 복수의 형태가 같은 경우도 있다.
   예 fish-fish, deer-deer, sheep-sheep, Japanese-Japanese

3 셀 수 없는 명사의 복수형

셀 수 없는 명사의 복수는 단위명사를 복수형으로 써서 표현한다. 이때 물질명사는 단수형으로 쓴다.

단수형	복수형	단수형	복수형
a piece of cake	two pieces of cake	a cup of coffee	two cups of coffee
a glass of water	two glasses of water	a slice of cheese	two slices of cheese

한 소년
a boy

두 소년들
two boys

감자
potato

감자들
potatoes

아기
baby

아기들
babies

나뭇잎
leaf

나뭇잎들
leaves

쥐
mouse

쥐들
mice

You have a bicycle.
너는 자전거를 가지고 있어.

대명사

대명사는 이름에서도 알 수 있듯이 명사 대신 부르는 말이다. 영어에서는 주로 명사를 반복하지 않고 대명사를 사용한다.

1 **인칭 대명사** : I(나), you(너), he(그), she(그녀)처럼 사람을 지칭하는 대명사이다.

예 <u>He</u> is a boy. 그는 소년이다.

수	주격 (~은/는/이/가)	소유격 (~의)	목적격 (~을/를/에게)	소유대명사 (~의 것)
단수	I	my	me	mine
	you	your	you	yours
	he	his	him	his
	she	her	her	hers
	it	its	it	-
복수	we	our	us	ours
	you	your	you	yours
	they	their	them	theirs

2 **지시대명사** : this(이것, 이사람), that(저것, 저사람), it(그것, 그사람)처럼 사람과 사물을 대신해서 사용할 수 있는 대명사이다.

예 <u>This</u> is a pen. 이것은 펜이다.

3 **의문대명사** : 누가(who), 어떻게(how), 무엇을(what), 왜(why), 언제(when), 어느 쪽의(which) 등 궁금한 것을 물을 때 쓰는 대명사이다.

예 <u>What</u> is your name? 네 이름이 뭐니?

4 **부정대명사** : all(모든), some(약간), every(모든)처럼 정해져 있지 않는 사람이나 사물을 가리킬 때 사용한다.

예 <u>Everyone</u> likes me. 모두들 나를 좋아합니다.

그녀는 나의 여동생입니다.

She is my younger sister.

그들은 나의 친구들입니다.

They are my friends.

저것은 책상입니다.

That is a desk.

너는 어떤 게 더 좋아?

Which do you like better?

나는 필요한 모든 것을 가지고 있다.

I have everything I need.

Grammar 4

Our room is clean.
우리 방은 깨끗하다.

형용사

형용사는 사람이나 사물의 상태나 성질, 그리고 모양이나 수량, 색깔 등을 설명해 주는 말이다. 명사나 대명사의 앞이나 뒤에 쓴다.

1 **명사 수식** : 명사의 앞에서 명사를 꾸며 준다.

예 David is a brave boy. 데이비드는 용감한 소년이다.

2 **보어 역할** : be동사 + 형용사 형태로 주어를 보충설명한다.

예 He is tall. 그는 키가 크다.

3 형용사의 종류

① 지시 형용사 – 대명사가 명사를 수식하는 형용사의 역할을 한다.

예 This pencil is different from that one.

② 수량 형용사 – 수량을 표시한다.

예 기수 : one, two, three, four, …
서수 : first, second, third, fourth, …

③ 성질, 상태 형용사 – 사물의 성질이나 종류, 상태를 나타내는 형용사이다.

예 a wise boy, a pretty doll

④ 특징, 모양, 크기 형용사 – 사물의 모양이나 크기를 나타내는 형용사이다.

예 a big tree, a huge plain

⑤ 부정수량 형용사 – 셀 수 있는 명사의 많고 적음이나 셀 수 없는 명사의 양을 나타낼 때 쓴다.

예 many friends, much time, some sugar, no time

수잔은 예쁜 소녀이다.

Susan is a pretty girl.

그는 똑똑하다.

He is smart.

우리는 행복하다.

We are happy.

나는 하루에 세 번 이를 닦는다.

I brush my teeth three times a day.

그는 어린 소년이다.

He is a young boy.

This house is very beautiful. 이 집은 매우 아름답다.

Grammar 5

부사

부사는 동작이나 상태를 구체적으로 설명하는 길이다. 즉 문장의 형용사나 동사, 부사를 더 자세하게 설명해 주고 꾸며 주는 역할을 한다.

1 부사의 용법

① 동사를 꾸며준다.
　예 He studied <u>hard</u> every day. 그는 매일 열심히 공부한다.

② 형용사를 꾸며 주어 주어의 상태를 강조한다.
　예 This problem is <u>very</u> difficult. 이 문제는 매우 어렵습니다.

③ 다른 부사를 꾸며 준다.
　예 Thank you <u>very</u> much. 매우 많이 고맙습니다.

④ 명사 또는 다른 대명사를 꾸며준다.
　예 <u>Only</u> he knows the fact. 오직 그만이 진실을 알고 있습니다.

⑤ 문장 전체를 수식한다.
　예 <u>Happily</u> he did not die. 다행스럽게도 그는 죽지 않았다.

2 부사 만드는 방법

① 형용사에 –ly를 붙인다.　　　예 careful → carefully

② 형용사에 e를 없애고 ly를 붙인다.　예 true → truly

③ -y를 i로 고치고 –ly를 붙인다.　예 happy → happily

3 형용사와 부사의 모양이 같은 경우도 있다.

예 The boy is a <u>fast</u> runner. (형용사) 그 소년은 빠른 달리기 선수이다.
　He drives <u>fast</u>. (부사) 그는 빨리 운전한다.

4 부사가 중복될 때에는 장소를 나타내는 부사를 앞에 쓰고, 방법을 나타내는 부사를 두 번째, 그리고 시간을 나타내는 부사를 마지막에 쓴다.

나는 책을 천천히 읽습니다.

I read books slowly.

그 소년은 빨리 달립니다.

The boy runs fast.

운이 좋게도 나는 만점을 받았습니다.

Luckily, I got a perfect score.

잘 듣고 문제에 대답하세요.

Listen carefully and answer the questions.

이것은 진짜로 내 우산이다.

This is truly my umbrella.

My teddy bear is on the desk. 내 곰인형이 책상 위에 있다.

전치사

전치사는 명사나 대명사의 앞에 쓰여 장소나 시간 등을 나타낸다.

1 시간의 전치사

① 전치사는 주로 <전치사 + (관사) + 명사>의 형태로 시간, 장소, 방법 등의 정보를 제공해 준다. 시각 앞에 오는 전치사는 at이다.

> 예 Let's meet at six o'clock. → 6시 정각에

② 시간을 표현할 때 대표적으로 쓰는 전치사는 다음과 같다.

전치사	쓰임	예
at	구체적인 시각, 특정한 시점	at 6 a.m. at night
in	월, 계절, 연도, 긴 시간	in September in 2015
on	날짜, 요일, 특정한 날(명절 등)	on Saturday on Christmas

> 예 I get up late on Sundays. 나는 일요일에는 늦게 일어난다.
>   → 달, 요일, 명절 이름의 첫글자는 항상 대문자로 쓴다.
> 예 My family lived there in 2010.
>   우리 가족은 2010년도에 거기서 살았다.

2 장소의 전치사

① 장소와 위치를 나타내는 전치사 중에 많이 나오는 표현이 in과 at이다. in은 비교적 넓은 장소일 때, at은 비교적 좁은 장소일 때 쓴다.

> 예 in a room, in Asia
>   at home, at the party

② ~위에는 on, ~ 아래는 under을 쓴다.

첫 기차는 오전 6시에 있다.

The first train starts at 6 a.m.

제임스는 2004년에 태어났다.

James was born in 2004.

학교는 3월에 시작한다.

School begins on March.

벽에 시계가 있다.

There is a clock on the wall.

사람들이 나무 아래에서 잠을 잔다.

The people are sleeping under a tree.

☆ Review

1 다음 중 셀 수 있는 명사를 고르세요.

| pencil | class | Korea | study | Mike |
| New York | rose | water | textbook | friendship |

2 다음 빈 칸에 a, an 또는 the를 붙여 보세요.

1) _____ egg

2) _____ moon

3) _____ earth

4) _____ book

5) _____ artist

6) play _____ guitar

3 다음 명사의 복수형을 쓰세요.

1) girl → _____

2) baby → _____

3) car → _____

4) tomato → _____

5) bench → _____

6) city → _____

4 다음 형용사를 부사로 만드세요.

1) true → _____

2) happy → _____

3) careful → _____

4) slow → _____

5) kind → _____

6) easy → _____

5 다음 앞에 at, in, on의 전치사를 넣으세요.

1) _____ 9 o'clock

2) _____ July

3) _____ summer

4) _____ the world

5) _____ Christmas day

6) _____ home

정답은 119p에 있습니다.

UNIT 2
주어와 be동사

7 | I am ~/ You are ~
I am a student.

8 | He(She) is ~
She is an English teacher.

9 | This(That) is ~
This is a present for you.

10 | Mr. Smith is ~
Mr. Smith is a police officer.

11 | be동사 + 형용사, 장소
This book is interesting.

12 | It의 특별용법
It was a fine day.

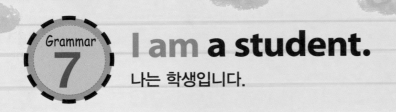

Grammar 7

I am a student.
나는 학생입니다.

I am ~ / You are ~

1 [나는 ~이다.]는 <I am + 명사>로 표현한다. be동사의 현재형에는 am/is/are가 있고, 주어가 you나 복수일 때 are를 사용한다.

> 예 <u>I am</u> a student. 나는 학생이다.
>
> <u>You are</u> a student. 너는 학생이다.
>
> <u>We are</u> a student. 우리는 학생이다.

인칭	의미	주격	be동사
1인칭	나	I	am
	우리	we	are
2인칭	너	you	are
	너희들	you	are
3인칭	그녀	she	is
	그	he	is
	그것	it	is
	그들	they	are

2 be동사의 부정문은 be동사 다음에 not을 붙여서 [~가 아니다.]로 나타낸다.

> 예 She <u>is not</u> a teacher. 그녀는 선생님이 아니다.

3 [나의 이름은 ~입니다.]로 자신을 소개할 때도 사용한다.

> 예 I am Minsu. = My name is Minsu.

4 [~의 일원이다. ~ 살이다.]로 쓰는 I am~도 알아둔다.

> 예 I am a member of the reading club. 저는 독서클럽의 일원입니다.
>
> I am fifteen years old. 저는 열다섯살입니다.

영문법 따라쓰기

나는 축구 선수이다.

I am a soccer player.

나의 이름은 톰이다.

My name is Tom.

너는 내 진정한 친구가 아니다.

You are not my true friend.

저는 열 살입니다.

I am ten years old.

저는 캐나다에서 왔습니다.

I am from Canada.

Grammar 8

She is a English teacher.
그녀는 영어 선생님입니다.

He(She) is ~

1 [그녀는 ~입니다.]는 <She is ~.>로 나타내고, She는 단수인 사람을 가리키므로 [선생님]은 a teacher이다.
과목은 a와 teacher 중간에 쓰고 이때도 a를 빠트리면 안 된다.

2 인칭대명사와 be동사의 줄임말

I am	→	I'm
You are	→	You're
She is	→	She's
He is	→	He's
It is	→	It's
We are	→	We're
They are	→	They're

3 전후 관계 등으로 판단해서 주어를 결정하는 경우에 대비해두면 좋다.
사람일 경우 남자는 he, 여자는 she로 받고 [물건]이나 [동물]을 말하는 [그것은]으로 쓰일 때는 it으로 받는다.

예 제게는 남동생이 있습니다. 그는 선생님입니다.
I have a brother. He is a teacher.

→ [남동생]을 받아서 주어는 [그는]으로 한다.

예 지구는 행성이다. 그것은 아름답다.
The Earth is planet. It is beautiful.

→ 지구를 it으로 받았다.

영문법 따라쓰기

그는 내 형이다.

He is my older brother.

우리는 친한 친구이다.

We are good friends.

그녀는 요리를 잘 한다.

She is a good cook.

그들은 배가 고프다.

They are hungry.

그는 키가 크고 힘이 세다.

He is big and strong.

This is a present for you. 이것은 너에게 주는 선물이다.

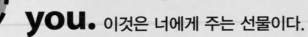

1 [이것은 ~입니다.]는 <This is ~.>라고 쓴다. 주로 가까운 물건을 가리키는 말로 사용한다. 떨어진 것을 표현할 때는 <That is ~.>를 사용한다. 이러한 의미의 this와 that을 지시대명사라고 한다.

이것은 ~입니다.	This is~.
저것은 ~입니다.	That is ~.
그것은 ~입니다.	

예 이것은 내 우산이다.
<u>This is</u> my umbrella.

그것은 좋은 질문입니다.
<u>That is</u> a good question.

2 명사에 형용사가 붙을 때는 <a+형용사+명사>의 어순으로 쓴다.

예 **a new box** (새 박스), **a moist cake** (촉촉한 케이크) 등

3 this의 복수형은 these, that의 복수형은 those이다.

예 <u>These are</u> photos. 이것들은 사진들이다.

4 [이 분은 ~입니다.]와 같이 사람을 소개할 때도 <This is~.>의 표현을 사용한다.

예 <u>This is</u> my brother. 이쪽은 제 동생입니다.

이것은 그의 노트입니다.

This is his notebook.

저것은 나의 새 책입니다.

That is my new book.

이분은 저의 아버지이십니다.

This is my father.

그것들은 위험하지 않아요.

Those are not dangerous.

이것은 저의 첫 부산 방문입니다.

This is my first visit to Busan.

Mr. Smith is a police officer. 스미스 씨는 경찰관입니다.

> Mr. Smith is ~

1 [···은 ~입니다.] 는 <주어+be동사+보어>의 형으로 주어가 3인칭 단수라면 is를 사용한다. 현재형은 주어에 따라서 is/am/are를 구별하여 쓴다.

> 예 **The dog is very cute.** 그 개는 아주 귀엽다.
> **Mary and John are Americans.** 메리와 존은 미국인이다.

2 다음에 제시된 명사가 주어로 나오는 문장은 모두 3인칭 단수가 주어이므로 be 동사는 is를 사용하고 뒤에는 명사나 형용사가 온다.

주 어	~입니다.
Tom (= he)	
Mrs. Lee (=she)	
Her birthday (=It)	is ~.
Our school (=It)	
Canada (=It)	

3 the people (그 사람들), Tom and Jerry(톰과 제리), my cats (나의 고양이들) 처럼 복수주어일 때의 be 동사는 are를 사용한다.

> 예 **The people are Chinese.**
> 그 사람들은 중국인입니다.

톰은 학생이다.

Tom is a student.

피트 씨는 수학 선생님이다.

Mr. Pitt is a math teacher.

빌 게이츠는 백만장자이다.

Bill Gates is a millionaire.

한국은 아름다운 나라이다.

Korea is a beautiful country.

톰과 제리는 유명한 만화 캐릭터이다.

Tom and Jerry are famous cartoon characters.

This book is interesting.
이 책은 재미있다.

be동사 + 형용사, 장소

1 <be 동사 + 형용사> 구문은 주어를 설명하는 역할을 한다. 여기서는 be동사를 [~이다.]라고 따로 해석하지 않는 경우가 많다.

이 책은	이다.	재미있는
↓ (주어)	↓ (동사)	↓ (형용사)
This book	is	interesting.

그녀는 친절하다.	She is kind.
그는 강하다	He is strong.
그는 매우 키가 작다.	He is very short.
이 영화는 재미있다.	This movie is interesting.
아침식사 준비가 되었다.	Breakfast is ready.
미국에서는 야구가 인기가 있다.	Baseball is popular in USA.

2 be동사는 [~이다.]라는 뜻 이외에 뒤에 [장소]를 나타내는 어구가 와서 [있다]는 의미를 나타내기도 한다.

예 **Cindy is in canada now.** 신디는 지금 캐나다에 있습니다.

3 [~에 속해 있다.]는 표현도 <be동사+장소>로 나타낼 수 있다. 물건이 주어라면 [~은 …에 있다.]라고 표현된다.

예 **I am in the soccer club.** 나는 축구 클럽에 들어 있습니다.

The house is near the lake. 그 집은 호수 주위에 있습니다.

내 친구들은 나에게 친절합니다.

My friends are kind to me.

아버지는 바쁘시다.

My father is busy.

나는 한국이 아름답다고 느끼고 있습니다.

I feel that Korea is beautiful.

그것은 젊은 사람들 사이에서 대단히 인기가 있습니다.

It is very popular among young people.

나는 농구부에 들어 있습니다.

I am in the basketball club.

Grammar 12 **It was a fine day.**
날씨가 좋았다.

It의 특별용법

1 [날씨가 ~하다.]고 말할 때의 주어는 it을 사용하여 It is(~하다), 혹은 It was~(~했다)로 표현한다. 여기서 it은 [그것은]의 의미가 아니라 [특별용법의 it] 이다.

2 [날씨가 좋다.]는 형용사 fine으로 나타낸다.

날씨 표현들 | sunny 맑은, cloudy 구름 낀, windy 바람부는, snowy 눈 오는, rainy 비 오는, foggy 안개 낀, hot 더운, cold 추운, humid 축축한

> **예** It is such a <u>fine</u> day to go out. 나가기에 딱 좋은 날씨이다.

3 특별용법의 it은 날씨나 온도, 시간, 사건, 요일/날짜 등 주어가 사람이 아닐 때 다양한 용법으로 사용된다.

날씨	어제는 좋은 날씨였다.	It was fine yesterday.
기온	내일은 추울 것입니다.	It will be cold tomorrow.
시각	지금 7시 30분입니다.	It is seven thirty now.
날짜	8월 6일입니다.	It is August 6(sixth).

4 [~하는데 (시간이) … 걸리다.] 는 It takes … to ~.

> **예** 그 일을 하는 데 20분 걸렸다.
>
> <u>It</u> took twenty minutes <u>to</u> do the work.

날씨가 흐리다.

It is cloudy.

어제는 날씨가 맑고 따뜻했다.

It was fine and warm yesterday.

12월 24일이다.

It is December 24.

내 시계로는 5시 40분이다.

It is five forty by my watch.

그곳까지 가는데 2시간 걸렸다.

It takes two hours to get there.

⭐ Review

1 알맞은 be동사를 쓰세요.

1) John _____   2) You _____

3) She _____   4) You and I _____

5) They _____   6) This movie _____

2 다음을 대명사로 바꾸어 보세요.

1) Mr.Kim   →   _____

2) The cat   →   _____

3) Julie   →   _____

4) Kate and I   →   _____

5) My parents   →   _____

6) Paul and David →   _____

3 다음 문장을 부정문으로 바꾸어 보세요.

1) I am a student.   →   _____

2) He is a doctor.   →   _____

3) They are hungry.   →   _____

4) She is in the kitchen.   →   _____

5) Mary and Bill are Americans. →   _____

정답은 119p에 있습니다.

UNIT 3

일반동사

Grammar 13 : I have a sister.
저에게는 언니가 있습니다.

주어와 일반동사

1 주어가 I 일 때는 have, 주어가 he(she)일 때는 has를 쓴다.
[나에게는 ~가 있다.]는 [나는 ~을 가지고 있다.]로 이해할 수 있다.

나는	가지고 있다.	언니를
↓ (주어)	↓ (동사)	↓ (목적어) ← SVO의 문형임.
I	have	a sister.

2 주어 다음에 나와서 현재의 상태나 동작을 표현하는 동사를 일반동사라고 하고 자주 쓰이는 일반동사는 아래와 같다.

~을 가지고 있다	have ~	
~을 좋아한다.	like ~	▶「~를 매우 좋아하다.」는 like ~ very much
~에 간다.	go to ~	
걸어서 ~에 간다.	walk to ~	▶「걸어서 학교에 가다」=「학교까지 걷는다.」로 walk to school
~에 소속되어 있다	belong to ~	
~에 살고 있다	live in ~	

3 have는 [기르고 있다], [먹다]의 의미도 된다.

고양이를 기르고 있다 ⇒ have a cat
아침을 먹다 ⇒ have(=eat) breakfast

4 일반동사의 현재형 부정문은 주어가 3인칭 단수가 아니라면 <do not (don't)+동사의 원형>으로 표현한다.

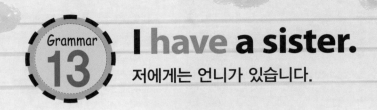

38

나에게는 사이가 좋은 친구가 있습니다.

I have a good friend.

오늘 제가 열이 좀 있어요.

I have a slight fever today.

이번 주말에 제 생일 파티가 있어요.

I have a birthday party this weekend.

나는 시간이 없다.

I don't have much time.

나는 매주 걸어서 도서관에 간다.

I walk to the library every week.

She likes pizza very much. 그녀는 피자를 매우 좋아합니다.

주어가 3인칭 단수일 때

1 현재형으로 주어가 3인칭 단수인 경우에 주의한다. have의 3인칭 단수 현재형은 has이다.

그녀는	좋아합니다.	피자를	매우
↓ (주어)	↓ (동사)	↓ (목적어)	↓
She	likes	pizza	very much.

2 주어가 3인칭 단수(he, she)일 경우 동사의 모양을 바꾸어야 한다.
대부분의 동사는 s를 붙이고 o, s, sh, ch로 끝나는 동사는 -es를 붙인다.

have(가지고 있다)	has	come(오다)	comes
like(좋아하다)	likes	speak(이야기하다)	speaks
live(살고 있다)	lives	want(원하다)	wants
miss(그리워하다)	misses	wash(씻다)	washes
go(가다)	goes	teach(가르치다)	teaches

3 '자음+y'로 끝나는 동사는 y를 i로 고치고 -es를 붙이지만 play와 같이 y앞이 모음(a)이라면 그대로 s를 붙인다.

예 cry → cries   try → tries   study → studies
     buy → buys   say → says   enjoy → enjoys

영문법 따라쓰기

우리나라에는 아름다운 산이 많이 있습니다.

Our country has a lot of beautiful mountains.

그 나라는 축구에 열광적이다.

The country has a mania for soccer.

톰(Tom)의 삼촌은 캐나다에 살고 있습니다.

Tom's uncle lives in Canada.

형은 일 때문에 중국에 가는 일이 많다.

My brother often goes to China on business.

그녀는 짬짬이 피아노를 가리친다.

She teaches piano in her spare time.

Grammar 15

Do you know anything about my country?

너희들은 나의 나라에 대하여 뭔가 알고 있니?

일반동사 의문문

1 일반 동사의 현재형 의문문은 앞에 'Do'를 붙인다.
주어가 3인칭, 단수라면 [Does + 주어 + 동사의 원형~?]로 표현한다.

예 <u>Does she</u> think she is tough?
그녀는 자신이 강인하다고 생각할까?

2 Do you know~? 표현이 많이 사용되므로 알아둔다. 이 표현은 간접의문문 등에서 자주 사용된다.

당신은 ~을 알고 있습니까?	Do you know ~ ?
당신은 ~하고 싶습니까?	Do you want to ~?
당신은 ~을 씁니까?	Do you write ~?
당신은 ~을 가지고 있습니까?	Do you have~ ?

3 Do(Does)~? 의 질문에는 Yes나 No로 대답한다.

- 긍정일 경우 : Yes, I(you, we, they) do.
  Yes, he(she) does.

- 부정일 경우 : No, I(you, we, they) don't.
  No, he(she) doesn't.

월   일

도서관에 가는 길을 알고 있습니까?

Do you know the way to the library?

집에 가는데 태워줄까?

Do you need a ride home?

제가 유명해질 거라는 건가요?

Does this mean I'm gonna be famous?

당신은 자주 그녀에게 편지를 씁니까?

Do you often write letters to her?

그녀는 시 쓰는 것을 좋아하니?

Does she like to write poetry?

I do not have a sister.
나는 여자 형제가 없다.

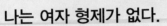

일반동사 부정문

1 일반 동사의 부정문과 의문문을 만들 때는 do나 does의 도움을 받아야 한다. 이러한 do나 does를 동사를 도와주는 동사라는 의미로 조동사라고 한다. 일반동사의 현재형 부정문은 동사 앞에 do를 붙여 <do not+동사의 원형>으로 표현한다.

나는	없다.	여자 형제가
↓	↓	↓
I	do not have	a sister.

2 일반 동사의 현재형 부정문은 주어가 3인칭 단수라면, <does not +동사의 원형>으로 표현한다.

주어	조동사	동사원형
I, You, We, They	do not	have
She, He	does not	

일반동사의 부정문을 만드는 do not과 does not은 줄여서 표현할 수 있다.

do not → (don't)

does not → (doesn't)

3 [~하면 안 됩니다.]는 Don't ~로 표현한다.

예 **Don't be late for school.** 학교에 늦으면 안 된다.

월   일

나는 실망하기 싫다.

I don't want to be disappointed.

나는 지각하고 싶지 않다.

I don't want to be late.

앞으로 무슨 일이 일어날지 모르겠다.

I don't know what's happening in the future.

내 남자친구는 내 말을 귀담아 듣질 않는다.

My boyfriend doesn't listen to me.

내 여동생과 남동생은 만화를 좋아하지 않는다.(My sister and brother)

My sister and brother don't like comic books.

★ Review

정답은 119p에 있습니다.

1 다음 동사들의 3인칭 단수형을 쓰세요.

1) do → _____

2) have → _____

3) eat → _____

4) love → _____

5) wash → _____

6) study → _____

2 괄호 안에서 알맞은 것을 고르세요.

1) (I / Julie) don't eat it.

2) (You / He) likes her.

3) (She / We) doesn't buy books.

4) (He / I) has a digital camera.

5) (Do / Does) she like cats?

6) My mother and I (walk / walks) the dog.

3 다음 문장을 괄호 안의 지시대로 바꾸어 쓰세요.

1) My brother and sister like books. (부정문)

→ _____

2) He has a cellular phone. (의문문)

→ _____

3) She uses the Internet every day. (She → We)

→ _____

4) I don't listen to rock music. (I → Bill)

→ _____

UNIT 4

동사의 과거형

Grammar 17

She was a tall girl.
그녀는 키가 큰 소녀였다.

be동사의 과거형

1 [그녀는 ~ 였습니다.]는 [그녀는 ~입니다.]의 과거형으로 과거의 상태를 나타내는 be동사의 과거형을 사용한다.

그녀는	이었습니다.	키가 큰 소녀
⬇ (주어)	⬇ is의 과거형	⬇ (보어)
She	was	a tall girl.

2 과거 시제에서 be동사는 주어가 무엇이냐에 따라 was와 were로 바뀐다. is/am의 과거형은 was가 되고, are의 과거형은 were를 쓴다.

am/ is의 과거형	was
are의 과거형	were

예 **I was tired.** 나는 피곤했었다.

They were tired. 그들은 피곤했었다.

3 과거 시제는 yesterday(어제), last(지난), then(그때), ago(~전) 등의 과거를 나타내는 부사와 함께 쓰이는 경우가 많다.

예 **It was rainy last Sunday.** 지난 일요일에는 비가 왔습니다.

We were tired yesterday. 우리는 어제 피곤했습니다.

4 be동사의 과거형 부정문은 was/were+not이다.

예 **He was not a teacher.** 그는 선생님이 아니었다.

무척 따뜻했었다.

It was very warm.

그는 지난 여름에 바빴다.

He was busy last summer.

그들은 경찰이었다.

They were police officers.

그들은 도서관에 없었다.

They were not in the library.

그녀는 지난 밤에 아팠다.

She was sick last night.

 Grammar 18

I watched TV after dinner. 나는 저녁식사 후 TV를 보았습니다.

규칙동사의 과거형

1 [보았다.]는 과거시제이므로 동사를 과거형으로 한다. 현재시제에서는 주어에 따라 모양이 다르지만 과거형에서는 모든 인칭에 상관없이 과거형이 같다. 기본적으로 과거형은 동사원형에 -ed를 붙인다.

그는	보았다.	TV를	저녁식사 후
⬇ (주제)	⬇ (동사)	⬇ (목적어)	⬇
He	watched	TV	after dinner.

2 일반동사의 과거형을 만들 때는 몇 가지 규칙이 있다.

① y앞이 자음일 때는 y를 i로 바꾼 다음 ed를 붙인다.

　예 study → studied

　단 y앞이 모음(a,i,u,e,o)라면 그대로 ed를 붙인다.

　예 play → played, enjoy →enjoyed

② e로 끝나는 동사에는 -d만 붙인다.

　예 like → liked, live → lived

③ '단모음+자음'으로 끝나는 단어는 자음을 하나 더 겹친다.

　예 stop → stopped

　(예외) visited　　　　looked, cooked
　　　　　└➤ 2음절이면서 앞 음절에 악센트.　└➤ o가 겹쳐 있을 때

3 규칙동사의 과거형에서 자주 나오는 표현

study (공부하다)	studied	visit (방문하다)	visited
play (놀다)	played	listen (듣다)	listened
enjoy (즐기다)	enjoyed	watch (보다)	watched
ask (묻다)	asked	look (보다)	looked
want (원하다)	wanted	cook (요리하다)	cooked

나는 어머니를 도왔습니다.

I helped my mother.

나는 어제도 영어공부를 했다.

I studied English yesterday, too.

나는 학교에서 3시간 테니스를 쳤습니다.

I played tennis for three hours at school.

나는 이 책이 아주 재미있었어요.

I enjoyed this book so much.

그는 한 지역 박물관을 방문했다.

He visited a local museum.

Grammar 19

I went there last week.

나는 지난 주에 그곳에 갔습니다.

불규칙동사의 과거형

1 [갔습니다.]는 가다(go)의 과거형을 써야 하는데 go는 불규칙 동사로서 과거형은 went이다.

나는	갔습니다	그곳에	지난주에
↓	↓ go의 과거형	↓	↓
I	went	there	last week.

→ there 자체가 「그곳에」의 의미이므로 to there라고 하지 않는다.

2 불규칙 동사는 대표적으로 두 가지 유형이 있다.

① 동사원형과 과거형이 같은 경우

  예 read → read, put → put

② 동사원형과 과거형이 완전히 다른 경우

  예 buy → bought, have → had, see → saw

3 자주 나오는 불규칙동사의 과거형

go (가다)	→ went	get (받다)	→ got
come (오다)	→ came	have (가지고 있다)	→ had
buy (사다)	→ bought	give (주다)	→ gave
write (쓰다)	→ wrote	teach (가르치다)	→ taught
meet (만나다)	→ met	tell (말하다)	→ told
send (보내다)	→ sent	take (가지고 가다)	→ took

나는 지난 달에 숙모와 함께 그곳에 갔었다.

I went there with my aunt last month.

나는 3년 전에 이 마을에 왔다.

I came to this city three years ago.

나는 이틀 전에 소설책을 읽었다.

I read a novel two days ago.

나는 오늘 빨리 일어났다.

I got up early today.

나도 네가 산 것과 같은 컴퓨터를 샀다.

I bought the same computer as you did.

Grammar 20 Did you have a great summer? 너는 멋진 여름을 보냈니?

일반 동사의 과거의문문

1 「~했었습니까?」는 일반 동사의 과거의문문이므로 Do, Does의 과거형인 Did 를 문장의 맨 앞에 붙인다.

넌 가졌니?   멋진   여름을

⬇ 과거 의문문   ⬇   ⬇

Did you have   **a great**   **summer?**

└➤ 어떤 주어가 오더라도 변함없이 Did~?

2 <Did ~ ?>에서 사용되는 동사는 반드시 원형을 쓴다.

Did	주어	동사의 원형~?

예 **Did you do your homework last night?**

└➤ 주의 : 여기서의 do는 동사로 「하다」는 의미이다.
의문문이나 부정문을 만드는 do와는 구별해야 한다.

3 where, what 등 의문사가 있는 과거시제는 did 앞에 의문사만 넣어주면 된다.

어디에 두었습니까?	Where did you put ~?
무엇을 먹었습니까?	What did you eat ~?
언제 갔습니까?	When did you go ~?

주의) 의문사가 주어일 때는 긍정문과 같은 어순이 된다.

Who brought this flower? 누가 이 꽃을 가지고 왔습니까?

오늘 뉴스 들었니?

Did you hear the news today?

내 신발을 어디 두셨어요?

Where did you put my shoes?

저녁식사 후에는 뭘 했니?

What did you do after dinner?

언제 쇼핑을 갔니?

When did you go shopping?

공항에 몇 시에 도착했습니까?

What time did you arrive at the airport?

⭐ Review

1 다음 동사의 과거형을 쓰세요.

1) am → _____

2) is → _____

3) are → _____

4) rain → _____

5) live → _____

6) cry → _____

7) stop → _____

8) buy → _____

2 괄호 안에서 알맞은 과거형을 고르세요.

1) The room (was / were) clean.

2) Dick and his friends (were / was / are) in Seoul last summer.

3) James (play / played) soccer after class.

4) (Do / Did / Are) you go to class yesterday?

5) I (eated / ate) a cheese burger for lunch yesterday.

3 다음 문장을 괄호 안의 지시대로 바꾸어 쓰세요.

1) It is under the desk. (과거시제로)

→ _____

2) She was sick last night. (의문문으로)

→ _____

3) I will my friend tomorrow. (tomorrow → last month)

→ _____

4) He painted a picture. (의문문으로)

→ _____

5) I saw a movie yesterday. (부정문으로)

→ _____

정답은 119p에 있습니다.

UNIT 5

조동사

Grammar 21

She will learn Taekwondo.
그녀는 태권도를 배울 예정입니다.

will의 긍정문

1 미래형은 <will+동사의 원형>으로 나타낸다. 그러므로 [배울 예정입니다.] 문장에서는 learn의 미래형을 써야 하므로 will learn이라고 표현한다. will 대신에 be going to를 쓰기도 한다.

2 will ~은 [~할 예정이다], [~하겠지], [~하겠습니다.]라고도 표현될 수 있다.

 예 She will learn Taekwondo.

⬇

배울 예정입니다.

배울 계획입니다.

배울 것입니다.

배우겠습니다.

3 미래를 나타내는 어구들
next week (다음 주)
this afternoon (오늘 오후)
soon (곧바로)
some day (언젠가)

3 I hope (that) 다음에 오는 미래형의 문장도 같이 익혀두자.

예 **I hope (that)** you will write to me soon.
당신이 즉시 답장을 써 주시기를 희망합니다.

영문법 따라쓰기

저희들은 방과 후 배구를 할 예정입니다.

We will play volleyball after school.

나는 영어 수업을 들을 예정입니다.

I will take English lessons.

아버지는 곧 돌아오실 겁니다.

My father will be back soon.

그들은 버스를 탈 거예요.

They will take a bus.

데이비드는 내일 올 예정입니다.

David will come tomorrow.

John is going to study music.
존은 음악을 공부할 것이다.

be going to

1 [~할 예정이다.]는 미래를 나타내므로 동사를 미래시제로 나타낸다.
미래형은 <will+동사원형>과 <be going to +동사의 원형>이 있다.
<be going to+동사의 원형>은 거의 확실히 일어나는 가까운 미래의 계획이나 예정을 나타낸다.

study의 미래시제

John is going to study music.
(be going to) +(동사의 원형)

2 미래형 will~과 be going to~는 둘 다 자주 사용되는 표현이므로 모두 구사할 수 있도록 연습한다.

~ 하려고 하다.

~ 할 예정이다.

~ 할 것이다.   ⇒ be going to + 동사의 원형

~ 하겠습니다.   will + 동사의 원형

~ 하기로 되어 있다.

3 will은 조동사이므로 주어의 인칭과 관계없이 항상 원형을 쓰지만 be going to는 be동사 부분이 주격 대명사에 따라 변한다.

예 We are going to buy some snacks.
우리는 약간의 간식을 살 것이다.

그는 그곳에서 1년간 머물려고 합니다

He is going to stay there for a year.

나는 강아지를 산책시킬 것이다.

I am going to walk the dog.

우리들은 호수 주변의 호텔에 묵을 예정입니다.

We are going to stay at the hotel near the lake.

나는 조부모님 댁을 방문할 거예요

I am going to visit my grandparents.

우리들은 2시 정각에 김 선생님을 만나기로 되어 있습니다.

We are going to see Mr. Kim at two o'clock.

She can play chess.
그녀는 체스를 둘 수 있습니다.

Grammar 23

can의 긍정문

1 조동사 can은 [~할 수 있다]는 능력과 [~을 해도 좋다]는 허가를 표현하는 두 가지의 뜻이 있다.

① 긍정문 : 주어 + can + 동사원형

예 I can climb a mountain. 나는 산을 오를 수 있어. (능력)

You can use my pencil. 너는 내 연필을 써도 돼. (허가)

② 부정문 : 주어 + cannot + 동사원형

예 I cannot cook. 나는 요리를 못해. (능력)

You cannot borrow the books. 너는 그 책들을 빌려갈 수 없어. (허가)

2 can 뒤의 동사는 주어가 뭐든 간에 원형을 쓴다. 부정문은 <cannot+동사원형>으로 나타낸다.

She can cook Chinese food.
└→ 동사원형

→ 부정문은 She cannot cook Chinese food.

3 can은 be able to로도 표현할 수 있다. 이때 able to 다음에 오는 동사는 원형을 써야 한다.

예 She is able to speak English. 그녀는 영어로 말할 수 있다.

He is good at singing. = He is a good singer. =

He can sing well. 그는 노래가 능숙합니다.

나는 정말 빨리 달릴 수 있다.

I can run very fast.

그는 운전을 못한다.

He cannot drive a car.

나는 매우 능숙하게 기타를 연주할 수 있습니다.

I can play the guitar very well.

우리들은 봄에 아름다운 꽃을 많이 볼 수 있습니다.

We can see many beautiful flowers in spring.

당신은 이곳에 음식을 가져오면 안 됩니다.

You can't bring any food here.

Grammar 24

What can we do in the afternoon?

우리들은 오후에 무엇을 할 수 있습니까?

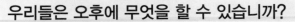

can의 의문문

1 can의 의문문은 <can+주어+동사원형~?>으로 나타낸다. 예문에서 [무엇]의 what은 의문사이므로 문두에 둔다.

무엇을	우리들은 할 수 있습니까?	오후에
⬇ (의문사)	⬇ can + 주어 + 동사의 원형	⬇
What	can we do	in the afternoon?

2 의문사가 붙지 않는 문형은 모두 허가를 구하는 <Can I~ ? (=May I ~?)>의 패턴이다. 대답은 Yes, I can.이나 No, I can't.로 하면 된다. 의문사가 붙는 형에서는 can의 앞에 의문사를 둔다.

예 <u>Can(May) I</u> go fishing tomorrow? 내일 낚시하러 가도 좋습니까?

예 <u>How can</u> he get the right answer?

　　그는 어떻게 하면 해답을 얻을 수가 있습니까?

　　※ Can I ~? 가 May I~? 보다 더 허물없는 어투로 친한 사람들 사이에서 쓰인다.

3 현재형이나 미래형도 알아두면 좋다. [~할 수 있다.]는 can을 써서 나타내면 좋지만 <be동사를 사용하여>라는 조건이 붙으면 be able to를 써야 한다. 그런 경우에는 시제와 주어에 주의하여 be동사를 구분하여 써야 한다.

① 현재형 → can = is(am, are) able to

② 과거형 → could = was(were) able to

③ 미래형 → can의 미래형은 will be able to이다.

예 I <u>will be able to</u> go shopping with you.

　　나는 너와 쇼핑하러 갈 수 있을 거야.

당신 클럽에 들어가도 됩니까?

Can I join your club?

다른 날로 연기해줄래요?

Can you postpone it for another day?

역에는 어떻게 가면 좋을까요?

How can I go to the station?

당신은 곧 헤엄칠 수 있을 것입니다.

You will be able to swim soon.

한 번 더 설명해 주시겠습니까?

Can you please tell me one more time?

Grammar 25

May I use this pencil?

이 연필을 사용해도 좋습니까?

조동사 may

1 조동사 may는 [~해도 좋다.]는 <u>허가</u>와 [~일지도 모른다.]라는 <u>추측을 나타내</u>
<u>는 조동사</u>이다. may 뒤에는 동사의 원형을 쓴다. 부정문은 <u>may 다음에 not</u>을
붙인다.

예 너는 일찍 집에 갈 수 있어.
You may go home early. (허가)

이 답은 맞지 않을 수도 있어.
The answer may not be correct. (추측)

2 [~해도 좋습니까?]는 May I ~?

May I use this pencil?

└→ May I ~?에서 may는 [~해도 좋다]의 의미를 나타내는 조동사로서
    문장이 의문문이므로 주어 앞에 나온 형태이다.

→ 격의 없는 말투로는 Can I use ~?도 쓸 수 있다.

3 조동사의 may는 그 대부분이 <May I ~?>의 의문문으로 쓰이므로 <May
I + 동사의 원형~?> → [~해도 좋습니까?] 문형을 잘 알아둔다.

예 **May I open the window(s)?** 창을 열어도 좋습니까?

May I go there with Mina? 미나랑 거기에 가도 좋습니까?

May I help you? (점원이 손님을 향하여) 무엇을 드릴까요?

너는 여기에 들어올 수 없어.

You may not enter here.

들어가도 좋습니까?

May I come in?

정원이와 통화할 수 있을까요

May I speak to Jungwon?

이 불들을 켜도 될까요?

May I turn on the rights?

죄송합니다만 질문을 해도 좋습니까?(Excuse me, but~?)

Excuse me, but may I ask you a question?

Grammar 26

I must go home now.

나는 지금 집에 가야 한다.

조동사 must

1 조동사 must는 [~해야 한다. ~하지 않으면 안 된다.]는 강한 의무를 나타낸다. must 의 뒤의 동사는 언제든 원형이 온다.

나는	가지 않으면 안 됩니다.	집에	지금
↓	↓	↓	↓
I	must go	home	now.

└→ have to go로 바꿀 수 있다.

2 부정문은 [~해서는 안 된다.]는 강한 금지의 표현으로 <u>\<must not + 동사의 원형></u>을 쓰고 그보다는 약한 표현으로는 [~하지 않아도 된다.]는 의미의 don't have to를 쓴다.

예 **You must not play** on the street. 거리에서 놀면 안 된다. (금지)

3 must는 [~하지 않으면 안 된다.]의 의미 외에 [~에 틀림없다.]는 의미로 강한 추측을 나타내기도 한다.

~ 하지 않으면 안 된다.	must+동사의 원형
~ 임에 틀림없다.	

예 그는 선생님이 틀림없다.

He must be a teacher. → be를 잊지 말 것.

나는 집에서 공부해야 한다.

I must study at home.

그녀는 지금 떠나야 한다.

She must leave now.

당신은 매일 그것에게 먹이를 주지 않으면 안 된다.

You must give it food every day.

두 가지 일을 같이 해서는 안 된다.

You must not do two things at a time.

그 소문은 사실임에 틀림없어.

The rumor must be true.

I have to stay home by next week.

나는 다음 주까지 집에 있어야 한다.

have to

1 [~하지 않으면 안 된다.]는 <주어+have(has) to+동사의 원형>로 표현한다. 여기서 have to가 인칭이나 시제에 따라 변한다는 것에 유의한다.

나는	있어야 합니다.	집에	다음 주까지
↓ (주어)	↓ (동사부분)	↓	↓ (때)
I	have to stay	home	by next week

have to + 동사의 원형

기한을 나타내며
[~까지]는 by~.

2 부정문 [~하지 않아도 좋다.] 는 <don't have to + 동사의 원형>으로 쓴다.

예 **You don't have to get up so early.**
당신은 그렇게 빨리 일어나지 않아도 좋다.

3 have to~의 의문문이나 부정문은 보통 일반 동사의 문장을 의문문이나 부정문으로 만드는 것과 같은 방법으로 하면 된다.

긍정문		You(주어)		have to ~.
의문문	Do	you(주어)		have to ~?
부정문		You(주어)	don't	have to ~.

▶ [~하지 않으면 안 되었다.] 는 had to ~.

예 **He had to stay there all winter.**
그는 겨울 내내 그곳에 머물지 않으면 안 되었다.

그녀는 시험에 합격해야만 한다.

She has to pass the exam.

나는 지금 집에 갈 필요는 없다.

I don't have to go home now.

그 소년은 지금 학교에 가야만 하나요?

Does the boy have to go to school now?

그는 왜 빨리 일어나지 않으면 안 되는 겁니까?

Why does he have to get up early?

그녀는 몇 번이나 사전을 사용해야 했다.

She had to use her dictionary many times.

Review

1 다음 괄호 안에서 알맞은 것을 고르세요.

1) Will you (be / am / are) free tomorrow?

2) He may (be not / not be) tired.

3) She (has to / have to) say sorry.

4) Does he (has to / have to /must) take vitamins?

5) I (will can / will be able to / will am able to) go there.

2 우리 말과 같은 뜻이 되도록 알맞은 것을 쓰세요.

1) 나는 내일 극장에 갈 거야.

I _____ go to the movies tomorrow.

2) 그들은 프랑스에 방문하지 않을 것이다.

They _____ _____ visit France.

3) 나는 산을 오를 수 있다.

I _____ climb a mountain.

4) 제가 신디와 통화할 수 있을까요?

_____ I speak to Cindy?

5) 너는 너의 힘으로 숙제를 해야만 한다.

You _____ do your homework for yourself.

3 두 문장이 같은 뜻이 되도록 빈칸을 채우세요.

1) Mary can speak Korean.

→ Mary is _____ to speak Korean.

2) You can enter the room.

→ You _____ enter the room.

3) She must to go library.

→ She _____ to go library.

정답은 119p에 있습니다.

UNIT 6 의문사

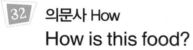

Grammar 28

What did you come here to buy?

넌 뭘 사러 여기에 온 거니?

의문사 what

1 사물의 이름에 대해 물을 때 사용하는 의문사 what은 문두에 위치한다.

what	be동사	주어~?	
	조동사 do(does, did)	주어	동사원형~?

<What is~?>로 물으면 <It is~.>, <What are ~?>로 물으면 <They are ~.>로 대답한다.

예 **What is this?** 이것은 무엇입니까?

- **It's a comic book.** 이것은 만화책입니다.

2 동사의 목적어로 쓰인다.

예 **What do you want ?** 당신은 무엇을 가지고 싶습니까?
무엇이 --- want의 목적어

What does she say? 그녀는 뭐라고 말하는 겁니까?
뭐라고----say의 목적어

3 what이 주어로 쓰일 경우도 있다. <What + 동사 ~?>로 쓰인다.

예 **What made you sad?** 무엇이 너를 슬프게 했니?

- **I missed my cat.** 고양이를 잃어버렸어요.

4 what이 사람에 대해 물을 때도 쓰인다. 사람의 이름, 직업, 별명에 대해 물을 때도 what을 사용한다.

예 **What is your name?** 당신의 이름은 무엇입니까?

What is your mother do? 당신 엄마의 직업은 무엇입니까?

당신은 생일 선물로 무엇이 갖고 싶습니까?

What do you want as a birthday present?

당신은 어제 무엇을 했습니까?

What did you do yesterday?

그것은 무엇입니까?

What is it?

오늘은 무슨 요일이죠?

What day is it today?

무엇이 당신을 화나게 했습니까?

What made you angry?

Grammar 29

Who brought these flowers? 누가 이 꽃들을 가지고 왔습니까?

의문사 who

1 [누가] 는 who로서 '사람'에 대해 묻는 의문사로 이것이 주어가 된다.

누가	가지고 왔습니까?	이 꽃들을
⬇ (주어)	⬇ (동사)	⬇ (목적어)
Who	brought	these flowers?

　　　　　　　　　　　　　　　↳ these는 this의 복수형이고
　　　　　　　　　　　　　　　　뒤에 오는 명사도 복수형으로 쓴다.

주의) bring 의 과거형, 의문사가 주어라면 의문문이라도 동사가 바로 붙는다. did bring으로 쓰지 않는다.

2 who가 주어인 경우가 많이 나오지만 who가 보어인 경우도 있다. 어순이 다르므로 주의하자. 질문에 대한 답도 알아두자.

① 주어인 경우

Who cooks dinner? 누가 저녁밥을 만듭니까?
　↳ 주어 who는 3인칭 단수로 취급하므로 cooks가 된다.

- **My mom does.** 엄마입니다.
　　　　　　↳ = cooks dinner.

- **I do.** 나입니다
　↳ =cook dinner.

② 보어인 경우

Who is that girl? 저 소녀는 누구입니까?
- **She is Cindy.** 신디입니다.

3 Who의 소유격은 Whose이고 '누구의'라는 뜻이다.

　예　**Whose car is that?** 저 차는 누구 거니?

76

영문법 따라쓰기

누가 아프니?

Who is sick?

누가 편지를 보냈니?

Who sent the letter?

누가 그것을 너의 여동생에게 준 거니?

Who gave it to your sister?

누가 가장 빨리 수영하니?

Who swims the fastest of all?

이 소년은 누구입니까?

Who is this boy?

When is your birthday?

Grammar 30

당신의 생일은 언제입니까?

의문사 When

1 [언제] when은 시간이나 때를 물을 때 쓰는 의문사로 의문문의 문두에 온다.

When	be동사	주어~?	
	조동사 do(does, did)	주어	동사원형~?

2 when의 뒤에는 be동사의 의문문, 일반 동사의 의문문, 수동태의 의문문 등도 붙는다.

① be동사의 의문문 :
> **When is Ken's birthday?**
> 켄의 생일은 언제입니까?
> **- It is April (the) third.**
> 4월 3일입니다.

② 일반 동사의 의문문 :
> **When do you watch TV?**
> 당신은 언제 TV를 봅니까?
> **- After dinner.**
> 저녁 먹은 후에.

③ 수동태의 의문문 :
> **When was this house built?**
> 이 집은 언제 지어졌습니까?
> **- Fifty years ago.**
> 50년 전에.

3 미래의 의문문은 <의문사+will+주어+동사의 원형>으로 쓴다.

예 **When will you leave Seoul?** 당신은 언제 서울을 떠날 예정입니까?

- will 대신 be going to를 써도 되고 leave는 start from으로 써도 좋다.

발렌타인 데이는 언제니?

When is Valentine's Day?

당신의 어머니는 언제 돌아올까요?

When your mother come back?

아침 몇 시에 일어나니?

When do you get up in the morning?

넌 언제 부산에서 돌아온 거니?

When did you come back from Busan?

너는 언제 나에게 전화했니?

When did you call me?

Where do you want to go? 당신은 어디에 가고 싶은 것입니까?

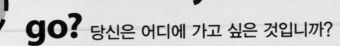

의문사 Where

1 장소를 묻는 의문사 where[어디서, 어디로]는 의문문의 문두에 둔다.

Where	be동사	주어~?	
	조동사 do(does, did)	주어	동사원형~?

어디에   당신은 원합니까?   가는 곳을

⬇ (의문사)   ⬇ (일반 동사의 현재의 의문문)   ⬇ (want의 목적어)

Where   do you want   to go?

            ⤷ 주어가 you

2 자주 나오는 표현을 익혀두면 좋다.

어디에 갔는데?	Where did you go?
어디에 살고 있는데?	Where do you live?
어디서 그것을 샀어?	Where did you buy it?
시계는 어디에 있습니까?	Where is the clock?
당신은 어디 출신입니까?	Where are you from? = Where do you come from?

내 가방이 어디에 있지?

Where is my backpack?

그 섬은 어디에 있어?

Where is the island?

어디 사니?

Where do you live?

너의 아저씨는 어디에 살고 계시니?

Where does your uncle live?

넌 그 책을 어디에 두었니?

Where did you put the book?

How is this food?

이 음식은 어떠니?

의문사 How

1 how(어떻게)는 수단, 상태, 방법에 대해 물을 때 쓰며 의문문의 문두에 둔다. how에는 여러 가지 사용법이 있지만 단독의 how는 [어떻게 하여], [어떤 방식으로] 등의 의미를 가지고 있다.

How	be동사	주어~?	
	조동사 do(does, did)	주어	동사원형~?

예 **How does Fred come to school?** 프레드는 어떻게 학교에 옵니까?

2 특히 어떤 경험에 대한 소감, 음식이나 음악에 대한 생각을 물을 때 how를 자주 사용한다.

예 **How was your birthday party?** 네 생일 파티는 어땠어?

　　- **It was great.** 대단했어.

3 문답 형식에서 자주 사용하므로 대답하는 형식도 정리해 두자.

예 **How do you go to school?** (어떻게 학교에 갑니까?)

대답) **I walk to school.** (걸어서 갑니다.)

　　I go by bicycle. (자전거로 갑니다.)

　　　└▸ 수단이나 방법을 나타내서 [~로]는 by를 쓴다.
　　　　bicycle은 a나 the를 붙이지 않는 점에 주의!
　　　　[버스로]는 by bus.

월   일

그 박물관에 어떻게 갔니?

How did you go to the museum?

너의 부모님은 어떻게 지내셔?

How are your parents?

미나는 어떻게 학교에 가니?

How does Mina go to school?

넌 어떻게 거기에 갔니?

How did you go there?

넌 어떻게 그와 알게 된 거니?

How did you know him?

Grammar 33 How many hours do you sleep? 당신은 몇 시간 잡니까?

| How many |

1 '수'를 묻는 질문으로 얼마나 많이는 <How many~?>, '양'을 묻는 질문으로 얼마나 많이는 <How much ~?>를 쓴다. <How many ~?> 뒤에는 셀 수 있는 명사의 복수형이 <How much ~?> 다음에는 셀 수 없는 명사의 단수형이 온다는 사실에 주의한다.

예 **How many hours is the flight?** 비행시간이 얼마나 됩니까?

How much money do you have? 돈을 얼마나 가지고 있니?

2 시험에 자주 나오고 얘기할 때 자주 활용되는 여러 가지 표현을 알아둔다.

몇 권의 책	how many books	얼마의 시간	how much time
몇 명의 사람	how many people	얼마의 우유	how much milk
몇 시간	how many hours	얼마의 돈	how much money

3 How many ~ 의 뒤에 are there가 붙는 형태도 익혀두면 좋다.

예 1시간은 몇 분입니까? (=1시간에는 몇 분 있습니까?)

How many minutes <u>are there</u> in an hour?

└─→ there are ~ 의 의문형

→ **How many minutes does an hour have?** 으로 해도 좋다.

당신은 책을 몇 권 가지고 있습니까?

How many books do you have?

어제 그녀에게 몇 번이나 전화했었니?

How many times did you call her yesterday?

며칠이나 묵을 예정입니까?

How many nights will you be staying?

당신은 몇 명의 형제가 있습니까?

How many brothers and sisters do you have?

당신 반에 남자는 몇 명 있습니까?

How many boys are there in your class?

Grammar 34 How long will you stay here?

너는 여기에 어느 정도 머물 예정이니?

How long

1 기간을 묻는 [어느 정도의 길이]는 <How long~?>을 사용한다.

어느 정도	당신은 머물 예정입니까	여기에
↓ (의문사)	↓ (미래의 의문)	↓ (부사)
How long	will you stay	here?

└→ are you going to stay라도 좋다.

2 How long은 여러 가지로 표현되므로 주의한다.

① **How long do you study English every day?**
몇 시간 정도 당신은 매일 영어를 공부합니까?

② **How long can I keep (borrow) these?**
<u>언제까지</u> 이것들을 빌릴 수 있습니까?
　└→ 시간이나 기간의 길이를 묻는 [어느 정도]

3 알아두면 말하기도 좋은 How+형용사(부사) 표현들

① '얼마나 자주' 즉 횟수를 묻는 질문에는 <How often ~?>을 사용한다.

　예 **How often do you listen to music?**
　너는 얼마나 자주 음악을 듣니?

② 나이나 키를 물을 때는 <How old~?>나 <How tall ~?>을 사용한다.

　예 **How old is she?**
　그녀는 몇 살입니까?

얼마나 긴 여행입니까?

How long a journey is it?

당신은 뉴욕에 얼마나 머무를 예정입니까?

How long will you stay in New York?

파리에는 얼마나 머물렀니?

How long were you in Paris?

버스로 거기에 가려면 어느 정도 시간이 걸립니까?

How long does it take to go there by bus?

학교에 얼마나 자주 걸어가니?

How often do you walk to school?

Grammar 35 Why do you look so sad? 왜 그렇게 슬퍼 보이니?

의문사 Why

1 why(왜)는 이유를 물을 때 쓰는 의문사이다. Why의 뒤에는 일반동사의 의문 문과 be동사의 의문문도 나온다.

① 일반동사의 의문문

Why do you want to be a teacher?
당신은 왜 선생님이 되고 싶은 것입니까?

② be동사의 의문문

Why were you late for school today?
당신은 오늘 왜 지각한 것입니까?

2 Why로 질문을 받았을 때는 Because(왜냐하면)로 시작해서 대답한다. 가끔 Because가 생략되는 경우도 있다.

예 **Why did you stay home?** 당신은 왜 집에 있었던 것입니까?

- **Because I was sick.** 병에 걸렸기 때문입니다.

→ 대답할 때 [엄마를 돕기 위해서입니다.] 라면 Because를 생략하고 간단히 To help my mother.이라고 한다.

3 [~하는 게 어떨까?]라는 권유의 표현으로 자주 쓰이는 <Why don't you~? > 표현도 알아둔다.

예 <u>**Why don't you** take a break?</u> 좀 쉬지 그래?

왜 그렇게 항상 바빠요?

Why are you always so busy?

왜 오늘 아침 일찍 일어났니?

Why did you get up early this morning.

검은색이 왜 더 비싼가요?

Why are the black ones more expensive?

어제 왜 학교를 늦은 거니?

Why were you late for school yesterday?

왜 그렇게 걱정을 해?

Why do you worry so much?

✩ Review

1 괄호 안에서 알맞은 단어를 고르세요.

1) Where (are / do) you from?

2) What (do / did) you do yesterday?

3) How much (milk / milks) do you drink?

4) Which color (do / does) you prefer, blue or green?

5) When (is /are) your birthday?

2 알맞은 의문사를 넣어 대화를 완성하세요.

1) A : _____ kind of pizza do you like?

   B : I like pepperoni pizza.

2) A : _____ is my backpack?

   B : It's under your desk.

3) A : _____ is this?

   B : This is my friend.

4) A : _____ did you go to the museum?

   B : I went to the museum by bus.

5) A : _____ are you late for class?

   B : Because I got up late.

6) A : _____ grammar books do you have?

   B : I have two grammar books.

정답은 119p에 있습니다.

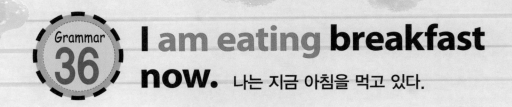

Grammar 36 — I am eating breakfast now. 나는 지금 아침을 먹고 있다.

현재진행형(긍정문)

1 현재진행형은 현재 진행 중인 동작을 나타내며, be 동사의 현재형(am, is, are) 에 현재분사(동사의 -ing)를 붙인 것으로 [지금 ~하고 있는 중이다.]로 해석한 다. 대부분 동사는 동사원형에 -ing를 붙이지만 예외인 경우도 있다.

① e로 끝나는 동사는 -e를 없애고 -ing를 붙인다.

예 come - coming, make - making

② '단모음+단자음'으로 끝나는 동사는 자음을 한번 더 쓰고 -ing를 붙인다.

예 stop - stopping, swim - swimming

③ (단모음+자음자)로 끝나는 단어지만 다음의 경우는 그대로 ing.

예 looking, cooking   listening , visiting

　　　└→ 연결된 oo.　　　　　　└→ 2음절이며 앞에 악센트가 있을 때.

2 부정문은 be 동사와 동사의 -ing 사이에 'not'을 넣으면 된다.

예 You're not listening to me. 넌 내 얘기를 듣지 않고 있구나.

3 자주 사용하는 표현

악기를 연주하고 있다	be playing	이야기하고 있다	be talking
앉아 있다	be sitting	읽고 있다	be reading
걷고 있다	be walking	듣고 있다	be listening
공부하고 있다	be studying	보고 있다	be looking
수영하고 있다	be swimming	만들고 있다	be making

그녀는 나무 아래 앉아 있다.

She is sitting under the tree.

제인은 기타를 치고 있습니다.

Jane is playing the guitar.

그 소년은 상자에 앉아 있습니다.

The boy is sitting on a box.

톰은 빌과 수영을 하고 있습니다.

Tom is swimming with Bill.

수민이는 엄마에게 편지를 쓰고 있다.

Sumin is writing a letter to her mother.

Is she eating cookies?
그녀는 쿠키를 먹고 있니?

현재진행형(의문문)

1 현재진행형의 의문문은 (be동사+-ing)의 be동사만 주어 앞으로 나가고 동사의 -ing형은 그대로 둔다.

Is she eating cookies?

⎣→ be동사 ⎣→ 쿠키를 먹는 모습이므로 eat의 ing형

예 **Is mother cooking in the kitchen?**
엄마는 부엌에서 요리를 하고 있습니까?

2 의문사가 있을 때는 의문사가 맨 앞에 나오고 그 다음에 be동사가 나온다. 동사의 -ing형은 그대로 둔다.

예 **What are you doing?** 당신은 무엇을 하고 있는 것입니까?
What are you making? 당신은 무엇을 만들고 있는 것입니까?

3 대답할 때는 보통 Yes/No + be동사 문장으로 말하고 의문사가 있는 의문문일 경우는 Yes/No로 대답하지 않고 질문의 뜻과 시제에 맞게 대답한다.

예 **Is she doing her homework?** 그녀는 숙제를 하고 있니?

- **Yes, she is.** 응, 그녀는 하고 있어.

- **No, she isn't.** 아니, 그녀는 하지 않고 있어.

Where is Tom studying?
톰은 어디에서 공부하고 있니?

- **He is studying at the library.**
그는 도서관에서 공부하고 있어.

월   일

그녀는 오렌지 주스를 마시고 있나요?

Is she drinking orange juice?

그는 거기서 무엇을 하고 있나요?

What is he doing there?

당신은 무엇을 찾고 있나요?

What are you looking for?

미나는 어디에 서 있는 것입니까?

Where is Mina standing?

당신은 지금 무엇을 하고 있는 것입니까?

What are you doing now?

Grammar 38

They were playing with blocks.
그들은 블록으로 놀고 있었다.

과거진행형(긍정문)

1 과거진행형은 be동사의 과거형(was, were)에 현재분사(동사의 -ing형)를 붙인 것으로 '과거의 어느 순간에 ~하고 있는 중이었다'로 해석한다.

그 아이는 [~하고 있었다.]는 과거진행형 → (be동사+~ing)의 be동사를 과거형으로 한다.

주어가 They이므로 were를 쓰고 주어가 I나 단수라면 was를 쓴다.

그들은	놀고 있었다.	블록으로
⬇	⬇	⬇
They	were playing	with blocks

2 시험에 잘 나오고 활용도가 높은 과거진행형

텔레비전을 보고 있었다.	was watching TV
기타를 치고 있었다.	was playing the guitar
고양이랑 놀고 있었다.	was playing with a cat
요리를 하고 있었다.	was cooking

3 접속사 when이 있는 문장에서 과거진행형도 자주 나오므로 알아둔다.

예 When I got home, it was raining.
내가 집에 도착하였을 때, 비가 내리고 있었습니다.

그녀는 부엌에서 요리를 하고 있었다.

She was cooking in the kitchen.

나는 아침을 먹고 있었다.

I was eating breakfast.

그들은 사진을 찍고 있었다.

They were taking pictures.

우리는 컴퓨터 게임을 하고 있었다.

We were playing computer games.

그는 TV를 보고 있었다.

He was watching TV.

Review

1 다음 동사들의 -ing형(현재분사)을 쓰세요.

1) play → _____
2) come → _____
3) stop → _____
4) make → _____
5) swim → _____
6) write → _____

2 괄호 안의 동사를 이용해서 현재진행형 문장으로 쓰세요.

1) I _____ pictures now(take)

2) My mother _____ the refrigerator.(open)

3) The students _____ math now.(study)

3 괄호 안의 동사를 이용해서 과거진행형 문장으로 쓰세요

1) He _____ the newspaper.(read)

2) We _____ computer games.(play)

3) Julie _____ her homework in her room.(do)

4 다음 문장을 괄호 안의 지시대로 바꾸어 쓰세요.

1) He is doing his homework. (의문문으로)
→ _____

2) My mother was cleaning the room. (부정문으로)
→ _____

3) I had dinner with my family. (과거진행형으로)
→ _____

정답은 119p에 있습니다.

UNIT 8

부정사

39 to 부정사의 명사적 용법
I want to go on a picnic with you.

40 to 부정사의 부사적 용법
I went to the library to borrow some books.

41 부정사의 형용사적 용법 〈~할〉
There are so many things to see here.

I want to go on a picnic with you. 나는 너와 소풍을 가고 싶다.

Grammar 39

to 부정사의 명사적 용법

1 동사 원형 앞에 to가 붙은 것을 to 부정사라고 하고 이것이 명사 역할을 하는 것을 「명사적 용법」이라고 한다.

나는	희망한다.	소풍가기를	너와
↓ (주어)	↓ (동사)	↓ (희망하다의 목적어)	↓
I	want	to go on a picnic	with you.

2 부정사의 명사적 용법에서 to 부정사는 주어 역할, 목적어 역할, 보어 역할을 한다.

① 주어 역할

예 **To play** chess is fun.
체스를 두는 것은 재미있다.

② 목적어 역할

예 I hope **to meet** my friends soon.
나는 곧 친구들을 만나고 싶다.

③ 보어 역할

예 My dream is **to be** a violinist.
내 꿈은 바이올리니스트가 되는 거야.

3 want to ~ 는 주어에 따라서 [~하고 싶어 하다.], [~하고 싶다고 생각하다.] 등으로도 표현되므로 잘 알아둔다. [나는 ~하고 싶다고 생각한다.]를 <I think ~.>로 표현하는 경우가 많으나 이것은 잘못된 표현이다. <I want to~.>로 써야 한다.

영문법 따라쓰기

나는 내일 너를 만나고 싶다.

I want to meet you tomorrow.

나는 손목시계를 사고 싶다.

I want to buy a watch.

그는 다시 한 번 그녀를 만나고 싶어했다.

He wanted to meet her again.

나의 취미는 사진을 찍는 것이다.

My hobby is to take pictures.

기차로 여행하는 것은 매우 재미있다.

To travel by train is very fun.

 **Grammar 40**

I went to the library to borrow some books.

나는 책을 몇 권 빌리기 위해서 도서관에 갔다.

to 부정사의 부사적 용법

1 to부정사가 「~하기 위해서」라고 해석되고 목적을 나타낼 경우 부사적 용법이다.

나는	도서관에 갔다.	빌리기 위해서	몇 권의 책을
↓	↓	↓	↓
I	went to the library	to borrow	some books.

2 부사적 용법에는 [~하기 위해서]라고 해석되는 <u>목적</u>을 나타내는 경우와 [~해서/ ~하니]라고 해석되는 <u>원인</u>을 나타내는 경우가 있다. 감정을 나타내는 형용사 뒤의 to부정사는 [감정의 원인]을 나타내며, [~해서]라고 해석한다.

 She got up early <u>to catch</u> the first train.
그녀는 첫 기차를 <u>타기 위해서</u> 일찍 일어났다. (목적)

I am happy <u>to hear</u> the news.
나는 그 뉴스를 <u>들어서</u> 기쁘다. (감정의 원인)

※ 감정을 나타내는 형용사; happy, glad, sorry, sad, surprised, excited 등

3 시험에 자주 나오는 부정사의 부사적 용법 표현

영어를 공부하기 위하여	to study English
사전을 사러	to buy a dictionary
그를 돌보기 위해서	to take care of him

102

나는 미국에 가기 위해서 영어를 공부한다.

I'm studying English to go to America.

나는 저 가방을 사고 싶다.

I want to buy that bag.

나는 프랑스어를 공부하기 위해서 파리에 왔다.

I came to Paris to study French.

나는 파티에서 그를 만나서 기뻤다.

I was glad to meet him at the party.

저는 야구를 하러 공원에 가려던 참입니다.

I'm going to the park to play baseball.

There are so many things to see here.

여기는 볼 것이 참 많다.

부정사의 형용사적 용법

1 문장에서 to부정사가 형용사처럼 앞의 명사나 대명사를 수식하여 [~할,~해야 할]이라고 해석하는 것이 부정사의 형용사적 용법이다.

이 문장에서 주가 되는 부분은 [⋯에 ~가 있다]이다.

있다.	많은 것들이	볼	여기에는
↓	↓	↓	↓
There are	so many things	to see	here.

2 <명사 + to부정사 + 전치사>의 구조를 익힌다. to부정사 앞에 쓰인 명사가 전치사의 목적어가 될 경우, to부정사 다음에 전치사를 쓴다.

例 We found a chair to sit on. 우리는 앉을 의자를 찾았다.

3 형용사적 용법의 부정사는 [~하기 위한 ⋯]이지만 [~하는 ⋯], [~하고 싶은 ⋯], [~해야만 하는 ⋯] 등으로도 표현될 수 있다.

例 해야만 하는 일 ⇒ work to do
책을 읽는 시간 ⇒ time to read a book
당신에게 보이고 싶은 것 ⇒ a thing to show you

4 [뭐든지 ~하는 것(사물 사건)]이라는 표현도 자주 나온다.
뭐든 먹을 것 ⇒ something to eat
뭐든 할 것 ⇒ something to do

→ 의문문, 부정문에서는 anything을 쓴다.

나는 할 일이 많다.

I have a lot of things to do.

너에게 보이고 싶은 사진이 몇 장 있다.

I have some pictures to show you.

그녀에겐 먹을 것이 없다.

She doesn't have anything to eat.

나는 쓸 펜을 가지고 있다.

I have a pen to write with.

이 방에는 마실 물이 없다.

There is no water to drink in this room.

★ Review

1 괄호 안에서 알맞은 단어를 고르세요.

1) They want (eat / to eat) pizza.

2) I try (not to be / to not be) late for school.

3) We need (to visit / visit) our grandparents.

4) My plan was (to studied / to study) science.

5) He decided (to not lie / not to lie).

2 다음 괄호 안에 있는 동사의 형태를 바꾸세요.

1) (Play) chess is fun.
   → _____ chess is fun.

2) Mike's hobby is (collect) coins.
   → Mike's hobby is _____ coins.

3) He hopes (find) his old friends.
   → He hopes _____ his old friends.

4) I want something (drink).
   → I want something _____ .

5) She doesn't have anything (eat).
   → She doesn't have anything _____ .

3 우리말과 같은 뜻이 되도록 빈칸을 채우세요.

1) 나는 불꽃놀이 보기를 원한다.
   → I _____ fireworks.

2) 내 꿈은 축구선수가 되는 것이다.
   → My dream is _____ .

3) 그는 게임에 이기지 못해서 실망했다.
   → He was disappointed _____ .

정답은 119p에 있습니다.

UNIT 9 동명사

42 동사의 목적어
I enjoyed swimming in the pool.

43 전치사의 목적어
Tom went out without saying
good-bye.

Grammar 42

I enjoyed swimming in the pool.

나는 수영장에서 수영하는 것을 즐겼다.

동사의 목적어

1 동명사 또한 부정사와 마찬가지로 동사에 대한 목적으로 올 수 있다. 동명사를 목적어로 취하는 동사를 알아둔다. 문장에서 「~해서 즐거웠다」 = 「~하는 것을 즐겼다」는 의미로 enjoy가 온다.

나는	즐겼다.	수영하는 것을	수영장에서
↓ (주어)	↓ (동사)	↓ (목적어)	↓
I	enjoyed	swimming	in the pool.

2 [~하는 것]은 동명사나 부정사로 나타낼 수 있는데 여기서 동사 enjoy는 동명사를 목적어로 취하는 동사이므로 부정사가 올 수 없다. 그래서 to swim은 틀리는 말이고 swimming을 써야 한다.

수영하는 것을

I enjoyed swimming in the pool. (○) ---- 동명사
to swim in the pool. (×) ----- 부정사

3 목적어로 동명사를 취하며 부정사를 취하지 않는 동사 중 자주 나오는enjoy, stop, finish는 알아두면 좋다.

~하면서 즐기다	enjoy ~ing
~하는 것을 그만두다	stop ~ing
~하기를 마치다	finish ~ing

▶ like, love, hate, begin, start는 목적어로 동명사와 부정사 모두 올 수 있으므로 주의한다.

그들은 등산을 즐겨서 한다.

They enjoy climbing mountains.

나는 겨울에 친구들과 스키를 즐긴다.

I enjoy skiing with my friends in winter.

그는 숙제를 끝냈다.

He finished doing his homework.

나는 영어 노래를 부르는 것이 좋다.

I like singing English songs.

그녀는 전화로 통화하는 것을 즐긴다.

She enjoys talking on the phone.

Grammar 43

Tom went out without saying good-bye.

톰은 안녕도 말하지 않고 나갔다.

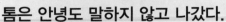

전치사의 목적어

1 전치사 뒤에는 명사가 와야 하므로 동사는 명사형인 동명사로 표현한다. 아래 예문에서 [~하지 않고]는 전치사 without를 사용하고 뒤에 동명사 saying이 온다.

톰은	나갔다.	~없이	안녕을 말하는 것
↓	↓ 「나가다」는 go out	↓ 전치사	↓ 뒤의 동사는 동명사로
Tom	went out	without	saying good-by(e).

2 전치사의 목적어가 되는 동명사는 다음의 숙어표현이 자주 나오므로 꼭 알아둔다. -ing 대신에 명사가 오는 경우도 있다.

~을 기대하고 있다.	I'm looking forward to -ing
~를 잘 한다.	be good at -ing
~를 못한다.	be poor at -ing
~하고 싶은 기분이 들다.	feel like -ing
~에 흥미가 있다.	be interested in -ing
~해주어서 고맙다.	Thank you for -ing

예 그녀는 한마디도 하지 않고 방에서 나갔다.
She went out of the room <u>without saying</u> a word.

3 동명사의 관용표현으로 [~하러 가다]고 말할 때는 <go+동명사>이다.

예 **My father <u>goes fishing</u> every Sunday.**
아버지는 일요일마다 낚시하러 가신다.

월   일

나는 소풍이 기대된다.

I look forward to going on a picnic.

나는 피자를 먹고 싶다.

I feel like eating pizza.

그녀는 한국 음식을 잘한다.

She is good at cooking Korean food.

그는 그림 그리기에 관심이 있었다.

He was interested in drawing pictures.

나를 이해하려고 해줘서 고마워.

Thank you for trying to understand me.

☆ Review

1 다음 괄호 안에 있는 동사의 형태를 바꾸세요.

1) She loves (walk) her dog.

→ She loves _____ her dog.

2) I am good at (play) board games.

→ I am good at _____ board games.

3) Our plan is (go) fishing.

→ Our plan is _____ fishing.

4) Thanks for (invite) me.

→ Thanks for _____ me.

5) We look forward to (go) to the beach.

→ We look forward to _____ to the beach.

2 두 문장의 뜻이 같아지도록 빈칸을 채우세요.

1) To learn English is very useful.

→ _____ English is very useful.

2) Her plan is to go to Europe.

→ Her plan _____ to Europe.

3) To cook Chinese food is my mom's hobby.

→ _____ Chinese food is my mom's hobby.

3 우리말과 같은 뜻이 되도록 빈칸을 채우세요.

1) 아빠는 일요일마다 낚시하러 가신다.

→ My father _____ every Sunday.

2) 제임스는 그림 그리는 것을 잘한다.

→ James _____ pictures.

3) 나는 피자를 먹고 싶은 기분이 든다.

→ I _____ pizza.

정답은 119p에 있습니다.

UNIT 10

There is(are) ~ 구문

44 There is(are) ~. (현재형)

There is a poster on the wall.

45 There was(were) ~.(과거형)

There were children in the playground

Grammar 44

There is a poster on the wall. 벽에는 포스터가 붙어 있다.

There is(are) ~. (현재형)

1 'There is ~'에서 There는 따로 뜻이 없고 '~이 있다'로 해석한다.
(There is (are) + 주어 + 장소)로 나타낸다.

있습니다.	한 장의 포스터가	벽에
↓	↓ 주어	↓ 장소
There is	**a poster**	**on the wall**

※ 주어가 단수이므로 is를 쓰고 벽에는 [(벽에 접촉하여) 위에]라는 의미이므로 on을 쓴다.

2 주어가 단수일 때는 <There is ~.>로 쓰고 복수일 때는 <There are ~.>로 쓴다.

예 <u>There is</u> a book on the desk.
책상 위에 책이 한 권 있다.

<u>There are</u> fifteen teachers.
15명의 선생님이 있다.

3 부정문을 만들 때는 be동사 다음에 not을 붙인다.

예 There is <u>not</u> a pencil in the box.
그 박스에 연필이 없다.

4 [~가 있습니다]의 의문문은 Is (Are) there ~?로 쓴다. 주어가 단수이면 'Is there ~?', 복수이면 'Are there ~?'이다.

Are(Is) there 주어?	Yes, there is(are). No, there isn't(aren't).

월   일

공원 안에 호수가 하나 있다.

There is a lake in the park.

집 근처에 나무가 2그루 있다.

There are two trees near the house.

서랍 속에 크레용이 없다.

There are not any crayons in the drawer.

아파트 근처에 공원이 있습니까?

Is there a park near the apartment?

여기에 악어가 많나요?

Are there many crocodiles around here?

There were children in the playground.

운동장에 아이들이 있었다.

There was(were) ~. (과거형)

1 [~가 있다.]는 <There +is(are) + 주어>의 형태로 표현한다. 주어가 단수이면 is, 복수이면 are를 쓴다. 과거일 때는 was/were를 쓴다.

예 There was a concert at the school.
학교에서 음악회가 있었다.

There were lots of flowers round about the school.
학교 주변에 꽃이 많았다.

2 알아두면 좋은 표현들

예 책상 위에 책이 두 권 있었다.
There were two books on the desk.

식탁 위에 오렌지가 한 개 있었다.
There was an orange on the table.

하늘에 새가 3마리 있었다.
There were three birds in the sky.

나무 밑에 차가 한 대 있었다.
There was a car under the tree.

3 [여기에 ~이 있다.]는 의미의 <Here is(are)~.> 표현도 알아둔다. 부정문은 Here is/are 다음에 not을 쓴다.

예 Here is a beautiful rose. 여기 아름다운 장미가 있다.

월   일

벽에 지도가 있었다.

There was a map on the wall.

나무 밑에 3개의 사과가 있었다.

There were three apples under the tree.

서울에는 방문할 곳이 많이 있었다.

There was a lot of places to visit in Seoul.

그는 어딘지 사람을 끌어당기는 매력이 있었다.

There was something attractive about him.

여기엔 새 컴퓨터가 없다.

Here is not a new computer.

☆ Review

1 괄호 안에서 알맞은 단어를 고르세요.

1) There are (many buildings / a tall building) in New York.
2) (Is / Are) there any paper here?
3) There (is / are) some pencils in the box.
4) There (was / were) boys in the classroom.
5) Here (is not a tree / a tree is not).

2 다음 문장을 지시대로 바꾸어 쓰세요.

1) There are two cars. (부정문으로)

→ _____

2) There is a large park in the city. (의문문으로)

→ _____

3) Here is some dessert. (부정문으로)

→ _____

4) There are a lot of money in the wallet. (과거형으로)

→ _____

3 제시된 단어를 이용하여 문장을 만드세요.

1) 꽃병에 꽃이 없어요. (any flowers / in the vase)

→ _____

2) 여기에 수건이 2개 있어요. (two towels)

→ _____

3) 병 속에 물이 좀 있었어요. (some water / in the bottle)

→ _____

4) 하늘에는 많은 별들이 있었어요. (many stars)

→ _____

정답은 119p에 있습니다.

정답

[UNIT 1] Review p.22

1 pencil, class, rose, textbook
2 1) an 2) the 3) the 4) a 5) an 6) the
3 1) girls 2) babies 3) cars 4) tomatoes 5) benches
　6) cities
4 1) truly 2) happily 3) carefully 4) slowly
　5) kindly 6) easily
5 1) at 2) in 3) in 4) in 5) on 6) at

[UNIT 2] Review p.36

1 1) is 2) are 3) is　4) are　5) are　6) is
2 1) he 2) it 3) she 4) we
　5) they 6) they
3 1) I am not a student.
　2) He is not a doctor.
　3) They are not hungry.
　4) She is not in the kitchen.
　5) Mary and Bill are not Americans.

[UNIT 3] Review p.46

1 1) does 2) has 3) eats 4) loves 5) washes 6) studies
2 1) I 2) He 3) She 4) He 5) Does 6) walk
3 1) My brother and sister don't like books.
　2) Does he have a cellular phone?
　3) We use the Internet every day.
　4) Bill doesn't listen to rock music.

[UNIT 4] Review p.56

1 1) was 2) was 3) were 4) rained 5) lived
　6) cried 7) stopped 8) bought
2 1) was 2) were 3) played 4) Did 5) ate
3 1) It was under the desk.
　2) Was she sick last night?
　3) I met my friend last month.
　4) Did he paint a picture?
　5) I didn't see a movie yesterday.

[UNIT 5] Review p.72

1 1) be 2) not be 3) has to 4) have to
　5) will be able to
2 1) will 2) will not 3) can 4) May 5) must
3 1) able 2) may 3) has

[UNIT 6] Review p.90

1 1) are 2) did 3) milk 4) do 5) is
2 1) What 2) Where 3) Who 4) How 5) Why
　6) How many

[UNIT 7] Review p.98

1 1) playing 2) coming 3) stopping 4) making
　5) swimming 6) writing
2 1) am taking 2) is opening 3) are studying
3 1) was reading 2) were playing 3) was doing
4 1) Is he doing his homework?
　2) My mother was not cleaning the room.
　3) I was having dinner with my family.

[UNIT 8] Review p.106

1 1) to eat 2) not to be 3) to visit 4) to study
　5) not to lie
2 1) To play 2) to collect 3) to find 4) to drink 5) to eat
3 1) want to see 2) to become a soccer player
　3) not to win the game

[UNIT 9] Review p.112

1 1) walking 2) playing 3) going 4) inviting 5) going
2 1) Learning 2) is going 3) Cooking
3 1) goes fishing 2) is good at drawing 3) feel like eating

[UNIT 10] Review p.118

1 1) many buildings 2) Is 3) are 4) were
　5) is not a tree
2 1) There are not two cars.
　2) Is there a large park in the city?
　3) Here is not any dessert.
　4) There were a lot of money in the wallet.

3 1) There are not any flowers in the vase.
　2) Here are two towels.
　3) There was some water in the bottle.
　4) There were many stars in the sky.

Different Writing

Let's Write! Apple Pie Diary 1, 2, 3

대상 : 초등학생 초급/중급

구성 : Levels 1-3

Units : 1, 2권 20개 Units(각 4페이지로 구성)
3권 15개 Units(각 6페이지로 구성)

Download :
Apple Pie Diary 1, 2 : Answers
Apple Pie Diary 3 : Answers & Activities